AF369677

marqué P

VENTE

Des Lundi 14 et Mardi 15 Novembre 1910

HOTEL DROUOT, SALLE N° 6

A DEUX HEURES

BIJOUX

COLLIERS DE PERLES

PROVENANT DE LA SUCCESSION

De Madame la Comtesse de C*** *Assim*

ORFÈVRERIE

Appartenant à M. de C***

EXEMPLAIRE DE M. STETTINER

COMMISSAIRE-PRISEUR

M. HENRI BAUDOIN

Successeur de M. Paul CHEVALLIER

EXPERT

M. GEORGES FALKENBERG

CATALOGUE

DE

BIJOUX

ORNÉS DE BRILLANTS, PERLES ET PIERRES DE COULEURS

Boutons d'oreilles, Diadèmes, Aigrettes,
Broches, Boutons, Bracelets, Châtelaines, Montres, etc.

TROIS COLLIERS DE PERLES

PIERRES SUR PAPIER

PROVENANT DE LA SUCCESSION

De Madame la Comtesse de C***

ORFÈVRERIE

Appartenant à M. de C***

Et dont la vente aura lieu à Paris

HOTEL DROUOT, SALLE N° 6

Les Lundi 14 et Mardi 15 Novembre 1910, à deux heures

<table>
<tr><td>COMMISSAIRE-PRISEUR
Me Henri BAUDOIN
Successeur de M. Paul CHEVALLIER
10, rue Grange-Batelière</td><td>EXPERT
M. Georges FALKENBERG
6, rue Lafayette
PARIS</td></tr>
</table>

EXPOSITION PUBLIQUE

Le Dimanche 13 Novembre 1910, de 1 h. 1/2 à 5 h. 1/2

CONDITIONS DE LA VENTE

Elle sera faite au comptant.

Les adjudicataires payeront *dix pour cent* en sus des enchères.

Paris. — Imp. de l'Art, Ch. Berger, 41, rue de la Victoire.

DÉSIGNATION

BIJOUX

Provenant de la succession

de Madame la Comtesse de C***

1 — Collier composé de quarante-huit perles.
Poids : 483 grains.

2 — Collier composé de quarante-quatre perles.
Poids : 503 grains.

3 — Collier composé de cinquante et une perles.
Poids : 547 grains.

4 — Petit sautoir formé de cent quatre-vingt-sept perles fines et d'un fermoir brillants.
Poids des perles : 516 grains.

5 — Paire de boutons d'oreilles, perles surmontées d'un petit brillant.
Poids des perles : 84 grains.

12.700 6 — Paire de boucles d'oreilles, gros brillants solitaires surmontés d'un petit brillant.

1.600 7 — Paire de boutons d'oreilles, montés de brillants solitaires.

3.400 8 — Paire de boucles d'oreilles, anneaux en brillants, supportant deux pendeloques émeraudes.

9 — Paire de boucles d'oreilles en or, ornées de mouches, perles et roses.

15.100 10 — Diadème formé de cinq églantines et de six motifs de feuillages. Le tout pavé de brillants. (Ce bijou peut être démonté.)

480 11 — Petit diadème formé d'un bandeau et d'un feuillage courant en brillants et roses.

1.305 12 — Petite aigrette en or, plumes, feuilles et rubans sertis de roses ; pampilles roses.

4.560 13 — Grande aigrette en forme de gerbe de feuilles et de fleurs, pavées de roses.

2.605 14 — Broche en forme d'oiseau, pavée de brillants et d'émeraudes. Grosse pendeloque émeraude.

15 — Trois broches en forme de papillons aux ailes articulées et pavées de brillants, de rubis et d'émeraudes.

3.500

16 — Broche en or en forme d'étoile, pavée de roses.

2000

17 — Broche-barrette en forme de flèche, sertie de brillants et de roses.

665

18 — Broche camée entouré de roses et d'un cercle de perles pointées et de quatre chatons rubis.

500

19 — Broche camée corail.

20 — Grande broche camée.

21 — Bouton de chemise en perle noire, monture or.

2300

22 — Bouton de chemise œil de chat, monture or.

23 — Paire de boutons de manchettes en jaspe enchâssé dans des cordelettes en or.

24 — Bracelet porte-bonheur double formant un ruban noué, pavé de brillants et finissant par des chatons souples également en brillants terminés par une grosse pendeloque émeraude.

7000

25 — Deux bracelets en or formés de chaînes souples et terminés par un large fermoir enrichi d'ornements en roses.

3000

26 — Bracelet dur en or émaillé en forme de branche terminée par une feuille et son arraché sertis de brillants et de rubis.

855

27 — Bracelet, malachites enchâssées dans des ornements d'or repercé.

28 — Cinq bracelets or. (Pourra être divisé.)

29 — Médaillon avec bélière, enrichi de brillants, plaque en or, avec inscription orientale au centre.

1005

30 — Fermoir en or de forme ronde, enrichi d'une grosse rose au centre entourée d'un feuillage et d'un cercle en brillants et roses.

4505

31 — Bélière en or, montée de deux grosses roses.

2015

32 — Châtelaine et montre en or granité enrichie de roses.

33 — Autre châtelaine en or, formée d'un monogramme, d'une couronne et de feuilles, terminée par une montre en forme d'amande.

34 — Montre en or émaillé bleu, enrichie de bouquets de roses.

35 — Collier en or articulé, auquel se trouvent suspendus cinq médaillons en or enrichis de brillants, perles, saphirs, émeraudes et roses.

36 — Autre collier, semblable au précédent.

37 — Demi-parure, composée d'une broche et de boucles d'oreilles en corail rose et ornée d'oiseaux en or serti de roses.

38 — Quatre cachets en or, montés d'intailles gravées de tête et d'armoiries.

39 — Bourse en étoffe, glands et coulants en or.

40 — Perle blanche sur papier.

Poids : 11 grains.

41 — Brillants sur papier.

Poids : 3 3/4.

42 — Roses sur papier.

43 — Trois rubis, saphir cabochon sur papier.

44 — Lot de montures en or.

ORFÈVRERIE

Appartenant à Monsieur de C***

45 — Grande jardinière en argent, de forme quadrilobée, décorée de canaux ajourés, enrichis de culots, et de deux sujets formant anses.

46 — Deux sucriers avec plateaux et couvercles en argent ciselé, intérieurs en cristal bleu.

47 — Quatre légumiers en argent ciselé, avec anses formées de deux enfants. Couvercles ciselés et surmontés d'un sujet : Enfant et canard. Double fonds argent.

48 — Quatre saucières et leurs plateaux en argent ciselé ; huit double fonds en argent.

49 — Sucrier, cafetière turque, pince à sucre en émail cloisonné, sur un plateau de même décor.

50 — Grand plateau en argent ovale ; bordure vigne et anses.

1.165 51 — Quatre seaux à champagne en argent formant vases sur piédouches.

800 52 — Six carafes à vin en cristal gravé, montées en argent.

53 — Deux timbales à anses en argent.

54 — Sujet en argent ciselé, représentant un homme monté sur un chameau soutenant quatre flacons ; il repose sur un socle monté sur quatre roulettes également en argent.

55 — Quatre bols à sucre en argent, décor oriental, et quatre pelles.

56 — Six porte-cure-dents.

57 — Six salières ovales, avec intérieurs en argent.

505 58 — Six salières doubles, avec intérieurs en argent.

59 — Bol à anse en argent, intérieur doré.

60 — Couvercle, en forme de cygne, en argent ciselé.

61 — Douze couteaux à dessert, manches argent, lames acier.

62 — Dix-huit cuillers en argent.

63 — Ecrin composé d'un service de table : cuiller, fourchette, couteau en vermeil ; d'un service à dessert : cuiller, fourchette, couteau en vermeil.

64 — Vingt pelles à sel en vermeil.

65 — Pince à asperges en argent.

585 66 — Deux grands candélabres en métal argenté, à dix lumières.

550 67 — Deux candélabres en métal argenté, à dix lumières.

1470 68 — Deux pièces montées à deux étages en métal argenté, avec coupes porcelaines.

69 — Douze coupes avec pieds en métal argenté et coupes en porcelaine.

70 — Deux coupes en métal argenté, dont les pieds formés de trois enfants supportent une coupe en porcelaine.

71 — Quatre réchauds en métal argenté.

72 — Deux réchauds en métal argenté.

73 — Plateau hors-d'œuvre en métal argenté.

74 — Bol sur assiette en métal argenté.

75 — Un service à dessert en porcelaine semblable à celle des pièces montées et composé de : quatre-vingt-dix-neuf assiettes, quatre compotiers, huit coupes à gâteaux, deux coupes à fruits, deux sucriers.

76 — Pot à tabac, forme tonneau, en métal argenté.

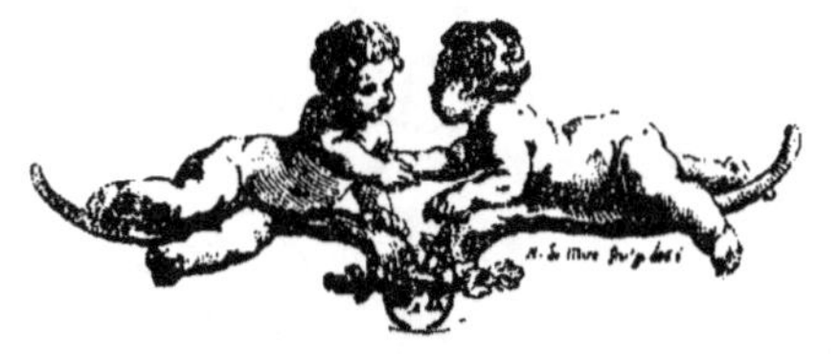